AF454696

# REGLEMENT DU ROY,



## POUR TOUS LES OFFICIERS,

Matelots & Soldats des Vaisseaux armés en course, concernant les avances qui leur feront faites, & les parts qui doivent revenir à chacun desdits Officiers, des Prises faites sur les Ennemis.

*Du 25. Novembre 1693.*

A PARIS,

De l'Imprimerie de JEAN-BAPTISTE COIGNARD,
Imprimeur du Roi, & de S. A. S. Monseigneur
le Duc de Penthiévre.

M. DCC. XLIV.

# DE PAR LE ROY.

SA MAJESTE' ayant été informée que les avances confidérables que les Matelots exigent des Armateurs qui équippent des Vaiffeaux pour la courfe, en mettent beaucoup hors d'état d'entreprendre des armémens, par la crainte de s'engager dans une dépenfe exceffive, dont il eft fort incertain qu'ils puiffent s'indemnifer, & donnent fouvent occafion aux Matelots de refufer de combattre, & d'obliger leurs Capitaines de rentrer dans les Ports avant la fin de la courfe, pour laquelle ils fe font engagés : Et voulant y pourvoir, & en même-temps ôter aux Matelots tout prétexte de fe plaindre du retardement qu'apportent les Armateurs au payement des parts qui leur reviennent dans les prifes, Elle a ordonné & ordonne ce qui fuit.

## PREMIEREMENT.

AUCUN Armateur ne pourra donner aux Matelots de plus fortes avances que celles qui feront ci-après fpécifiées, ni plus de trente fols de denier-à-Dieu, fous quelque prétexte que ce foit, à peine de trois mille livres d'amende ; & s'il en

A ij

emploie dans les comptes qu'il rendra à ceux qui feront affociés avec lui, l'excedent fera rayé.

## I I.

IL fera payé pour avances aux Maîtres premier
& fecond, cent cinquante livres.

Aux Pilotes, contre - Maîtres, Maîtres Canonniers, Maîtres Charpentiers, Maîtres de Prifes, Capitaines de Matelots, & Capitaines d'Armes, cent
livres.

Aux feconds Canonniers, Charpentiers, Boffe-
mans, Calfats, Maîtres de Chalouppes, Voiliers,
Armuriers, Quartiers - Maîtres, & fecond Chirurgien, quatre - vingts livres.

Aux Sergens & aux Matelots, lefquels ont la plus
haute paye fur les Vaiffeaux de Sa Majefté, foixan-
te - fix livres.

Aux Matelots qui ont une paye moindre, foixan-
te livres.

A ceux qui n'ont point encore fervi, & n'ont
fait qu'un voyage ou campagne, & aux Soldats, qua-
rante - cinq livres.

Aux Mouffes forts qui ont navigué, vingt - fept
livres.

Aux nouveaux Mouffes, dix - huit livres.

A l'égard des Officiers Majors ils n'auront aucunes avances, de même que les Volontaires.

## I I I.

LES avances feront payées aux Equipages, les deux
tiers comptant avant le départ du Navire, & l'autre tiers cinq jours après fon retour : S'il eft pris ou
perdu le tiers reftant ne fera point acquitté.

## I V.

Les Matelots ou Soldats qui prendront un faux nom, ou qui supposeront un domicile autre que celui qu'ils ont effectivement, ce qu'ils ne font que dans le deffein de voler les avances qui leur sont faites, feront mis au carcan pendant trois jours, & resteront en prison pendant un mois à leurs frais ; & s'ils sont convaincus d'avoir reçu des avances de deux Armateurs, ils seront punis du fouet, & gardés en prison jusqu'à ce qu'ils les aient restitués, à moins qu'ils ne soient demandés par le premier Armateur ou Capitaine avec lequel ils se seront engagés ; auquel cas il sera obligé de les répréfenter au retour pour être contraints de restituer les avances qu'ils auront reçu des autres. Et pour ôter aux Matelots toute occasion de tomber dans cette faute, Sa Majesté fait défenses aux Armateurs & Capitaines d'en engager aucuns qu'ils ne leurs aient répréfenté le Congé à eux accordé par le Commiffaire du Département qu'ils ont quitté, & la permission du Commiffaire de celui dans lequel ils font, à peine de cinq cens livres d'amende. Fait pareillement Sa Majesté défense, sous la même peine, d'engager aucuns de ceux qu'on nomme Volontaires, s'ils n'ont un Certificat de leur véritable nom & qualité, certifié par le Juge du lieu où ils font nés, à la réserve du Port de Dunkerque, où l'usage établi de recevoir les Matelots étrangers, sera souffert jusqu'à ce qu'autrement par Sa Majesté en ait été ordonné.

## V.

LES engagemens pour la courfe ordinaire ne pourront être de plus de quatre mois, à compter du jour que le Vaiffeau mettra à la voile, compris le temps des relâches, à l'exception de celles qui fe feront pour amener des prifes, prendre des vivres, faire de l'eau, efpalmer, & pour d'autres néceffités preffantes, pour lefquelles on ne pourra employer plus de quinze jours; & le temps qui excédera ce terme, fera compté fur les quatre mois, pendant lefquels Sa Majefté fait défenfes à tous Officiers, Mariniers & Matelots de quitter le Navire fous quelque prétexte que ce foit, à peine de reftitution des avances qu'ils auront reçu; à laquelle ils feront contraints par corps, d'être expofés au carcan pendant trois jours, & d'être privés des parts qui leur reviendroient dans les prifes qu'ils auront faites.

## V I.

L'EQUIPAGE fera obligé de travailler à ce qui fera néceffaire & ordonné par le Capitaine pour le fervice du Navire lorfqu'il fera de relâche, & il fera retenu trente fols par jour à ceux qui y manqueront, pour autant de jours qu'ils y auront manqué, fur le Certificat de l'Ecrivain, vifé par le Capitaine, & le tiers de ce qui aura été ainfi retenu, fera diftribué à ceux qui auront travaillé.

## V I I.

IL ne fera rien déduit à l'Equipage, en cas que

le Vaiſſeau déſarme par l'ordre des Armateurs, avant
la courſe finie ; mais ſi pendant l'armément ou avant
le temps de la courſe expiré, le Vaiſſeau ſe trouve
hors d'état de ſervir, les Armateurs pourront en
ſubſtituer un autre en ſa place, & l'Equipage ſera
obligé de s'y embarquer aux mêmes conditions pour
continuer la courſe.

## V I I I.

FAIT Sa Majeſté défenſe à tous Armateurs,
Capitaines, Officiers, & autres, de régler ni ſti-
puler aucunes parts dans les Priſes aux Officiers,
Majors, Officiers Mariniers, Matelots, Volontaires, & Soldats, avant l'embarquement, ainſi qu'il
s'eſt pratiqué juſques à préſent, voulant qu'elles ne
ſoient reglées qu'au retour des Vaiſſeaux par le Capitaine & les Officiers Majors, à proportion du
mérite & du travail de chacun, huitaine après le
déſarmément, & pluſtôt, s'il eſt poſſible, en pré-
ſence de l'Ecrivain du bord.

## I X.

LE Capitaine en chef ne ſe pourra taxer, &
prendre plus de douze parts, le Capitaine en ſe-
cond dix, les deux premiers Lieutenant huit, les
autres Lieutenans, l'Écrivain, & le premier Maître ſix, les Enſeignes, le Maître Chirurgien, &
les deux Maîtres quatre, les Maîtres de Priſes,
Pilotes, Contremaîtres, Capitaine de Matelots,
Capitaines d'Armes, Maîtres Canonniers, & Maîtres Charpentiers trois parts, les ſeconds Canonniers, Charpentiers, Calfats, Boſſemans, Maîtres
de Chaloupes, Voiliers, Armuriers, Quartier-maî-

tre, & second Chirurgien deux parts, les Volontaires une ou deux parts au plus, les Matelots à proportion de leur travail & capacité, les Soldats demi part, trois quarts de part & jusques à une part, suivant leurs mérites & services, & les Mousses un quart de part ou demi-part, suivant leurs forces. Et à l'égard des veuves & héritiers de ceux qui seront morts dans les combats; & de ceux qui y auront été blessés ou estropiés, les Capitaines & Officiers Majors pourront leur donner outre leurs parts, la somme qu'ils jugeront à propos, pourvû qu'elle n'excede pas la valeur du double desdites parts, laquelle somme sera prise sur le total du provenu desdites Prises.

## X.

VEUT Sa Majesté que les Armateurs soient tenus de remettre au Greffe de l'Amirauté dans le ressort de laquelle les Prises auront été amenées, les Arrêts du Conseil qui les auront déclarés bonnes, dans six semaines du jour de la date desdits Arrêts, pour y être enregistrés, & ensuite procédé à la vente, si elle n'a été faite, & à la liquidation du produit des Prises; à l'effet dequoi les Armateurs en remettront les comptes pardevant les Officiers de l'Amirauté, avec l'Etat en détail des avances faites aux Equipages, & le réglément des parts, quinzaine après la livraison des Marchandises, qui commencera dès le lendemain de la vente, & se fera sans aucune discontinuation; de sorte que chacun puisse connoître promptement ce qui lui revient, & le tiers appartenant aux Equipages, être payé sur le champ. Et faute par les Armateurs de satisfaire au contenu

au

au préfent article, Sa Majefté permet aux Officiers de l'Amirauté d'adjuger par maniere de provifion aux Matelots une fomme pareille à celle qu'ils auront reçu pour leurs avances.

## XI.

L'EQUIPAGE fera tenu de fe rendre à bord lorfque le Vaiffeau fera prêt, vingt-quatre heures après l'avertiffement qui en aura été fait avec le tambour, à peine de tenir prifon, & d'être mis aux fers jufques au départ ; & fi quelques-uns laiffent partir le Vaiffeau fans s'y embarquer, ils feront punis comme déferteurs, & comme tels condamnés à rapporter les avances qu'ils auront reçu, à tenir un mois de prifon, & à être mis au carcan pendant trois jours ; feront encore obligés les Officiers, Mariniers & Matelots, de travailler à bord lorfqu'ils en feront requis par les Armateurs & Capitaines, en payant vingt fols par jour à chacun.

## XII.

FAIT Sa Majefté défenfes à tous Officiers, Matelots, Soldats, Volontaires, & Mouffes, de quitter le Vaiffeau pendant fa courfe, en quelque lieu & fous quelque prétexte que ce puiffe être, fous les peines portées au précedent article.

## XIII.

TOUT Officier, Matelot, Volontaire, ou Soldat qui excitera fédition, portera les autres à la révolte, qui fera faire de l'eau au Navire, perdre le pain, ou couler les boiffons, fera puni de mort ;

ceux qui couperont ou leveront les cables des Vaiſſeaux , ſe rendront Maîtres du Gouvernail , ou de
quelque autre maniere que ce ſoit, forceront les Capitaines d'entrer dans le Port avant le temps de leur
engagement expiré , ſeront punis du fouet , & l'E-
quipage ſolidairement condamné à la reſtitution des
avances qui auront été faites , à la réſerve du Capitaine & des Officiers qui s'y ſeront oppoſés. Et à l'é-
gard de ceux qui rompront les caiſſes , coffres ou balots dans les Priſes , ou en auront enlevé quelques
Marchandiſes qu'ils n'auront point déclaré vingt-quatre heures après leur arrivée , ils ſeront condamnés au
carcan , & même privés de leur part dans les Priſes
ſuivant l'exigence des cas.

## XIV.

L'EQUIPAGE ſera obligé de déſarmer le Navire lorſqu'il ſera de retour de la courſe , & de l'a-
marer à quay , ce qui ſe fera en quatre jours , &
le cinquiéme les Armateurs payeront aux Matelots
le tiers reſtant de leurs avances , quand même il n'y
auroit aucunes Priſes , ſur lequel tiers il ſera déduit
trente ſols par jour à chacun de ceux qui auront manqué de travailler au déſarmement, ſur le certificat
des Capitaines , premier Lieutenant , & de l'Ecrivain , pourvû toutefois qu'ils n'en ayent point été
empêchés par maladies.

## XV.

AUSSI-TÔT qu'il y aura quelques Priſes faites , l'E-
crivain prendra l'ordre du Capitaine pour aller à
bord ſe ſaiſir des clefs , mettre le ſceau ſur les eſ-
coutilles , chambres , coffres , armoires , balots , ton-

neaux , & autres chofes fermantes à clef, ou em-
ballées , fans en excepter le coffre du Capitaine
pris , qui fera gardé à bord du Vaiffeau preneur , &
remis entre les mains de l'Armateur, lequel après en
avoir fait l'ouverture en préfence des Officiers de
l'Amirauté , le rendra au Capitaine , pourvû qu'il
n'excéde pas la valeur de cinq cens écus ; & s'il l'excéde , il lui payera cette fomme , & le furplus fera
partie du produit de la Prife.

## X V I.

LE Capitaine en fecond qui fera envoyé à bord
du Vaiffeau pris , ou l'Ecrivain, fe rendront maîtres
de tous les papiers qu'ils y trouveront , dont il fera
fait un Inventaire en préfence des Officiers du Vaiffeau pris , qui le figneront, ou feront interpellés de
ce faire ; & en cas de refus , en fera fait mention
au bas de l'Inventaire , lequel fera figné de l'Officier
qui aura été envoyé à bord de la prife , & d'un autre Officier du Vaiffeau preneur : après quoi ils feront
remis dans le fac cacheté , à celui qui fera choifi par
le Capitaine pour conduire la Prife, qui les remettra
an même état entre les mains des Officiers de l'A-
mirauté du Port où elle abordera.

## X V I I.

PERMET Sa Majefté aux Officiers de l'Amirauté , de condamner ceux qui contreviendront au
préfent Reglement , aux peines pécuniaires qui y
font portées , & jufqu'à celle du carcan inclufive-
ment en dernier reffort , pourvû qu'ils foient au
nombre de fept Officiers ou Gradués , lorfqu'ils jugeront les cas pour lefquels il échera de condamner

à la reftitution des avances, & en un mois de prifon, ou au carcan, leur en attribuant à cet effet toute cour & jurifdiction : Voulant au furplus que ledit Reglement foit lû, publié & affiché par tout où befoin fera, & particulierement fur le Port, à ce qu'aucun n'en prétende caufe d'ignorance ; & enjoignant aufdits Officiers de tenir la main, à ce qu'il foit ponctuellement exécuté. FAIT à Verfailles le vingt-cinquiéme Novembre 1693. *Signé*, LOUIS: *Et plus bas*, PHELYPEAUX.